L'ÉCREVISSE-MINISTÉRIELLE,

OU

L'OBSERVATEUR DE LA CHARTE;

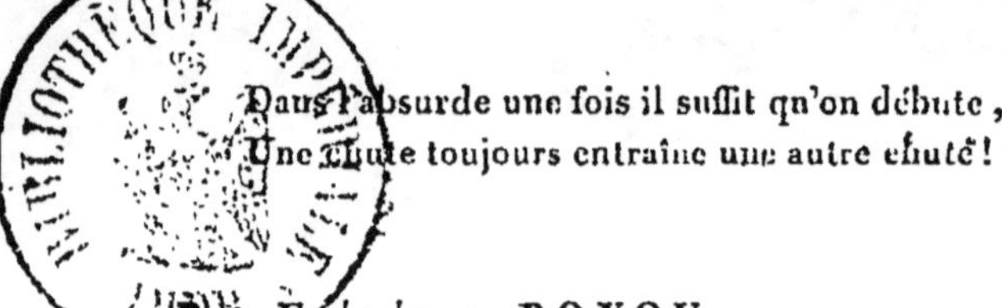

> Dans l'absurde une fois il suffit qu'on débute,
> Une chute toujours entraîne une autre chute!

PAR FRÉDÉRIC ROYOU,

MEMBRE DE LA LÉGION D'HONNEUR.

PRIX : un demi-franc.

PARIS,

A LA LIBRAIRIE POLÉMIQUE,
rue Neuve-Saint-Marc, n°s 7 et 8;
Chez les libraires du Palais-Royal et chez Mlle *Deville*,
libraire, rue de Seine, n° 48, faub. S.-G.

2 juin 1820.

Dans les départemens on trouvera toutes les brochures publiées par la *Librairie polémique*, chez les libraires dont les noms suivent :

ROCHEFORT,	Faye ; Goulard ; Riffault.
BREST,	Egasse ; Fournier ; Michel.
LORIENT,	Le Coat-Saint-Haouen ;
NANTES,	Busseuil, jeune ; Forets ; Malassis (madame).
BORDEAUX,	Bergeret (madame) ; Gassiot, fils aîné.
HAVRE,	Delhaye-Lonquety.

Et chez tous les Directeurs de postes, s'adresser pour remplir les conditions du Prospectus.

L'ÉCREVISSE-MINISTÉRIELLE,

OU

L'OBSERVATEUR DE LA CHARTE.

DE LA MARCHE RETROGRADE DU MINISTÈRE DE 1820.

Du triomphe à la chute il n'est souvent qu'un pas.

Nos écrevisses politiques n'en veulent pas démordre, elles s'obstinent à reculer : on leur crie en vain, de tous les côtés : « Avancez sur le terrain de la Charte d'une « manière franche et loyale ; ne craignez rien : même de « votre incapacité ! La nation française redressera vos » bévues, et à force de vous siffler, fera de vous des ac- » teurs supportables. »

Rien ne peut ébranler la COTERIE-INÉVITABLE explorant, à son profit, l'empire sous toutes ses phases, depuis trente ans :

Car elle a des rigueurs à nulle autre pareilles,
On a beau la prier ;
La cruelle qu'elle est se bouche les oreilles,
Et nous laisse crier ! ! !

Cependant les cris de *vive le Roi et la Charte* commencent à se faire entendre dans les départemens et parviennent jusqu'à la capitale : étant prononcés par des voix dont les sons ne manquent pas d'intensité. : « *Cris impuissans* » soutient un ministère inapte, pour ne rien dire de plus, à tenir le timon pendant l'orage. Ce sont des enfans mutinés, et la férule ministerielle est là : manquons-nous de pédans pour les régenter ? nous détacherons une ou deux *parques de la police* ; et, s'il le faut, nous leur adjoindrons Atropos Mutin ! Que demandent les Français ? Ne peuvent-ils pas écrire tous les jours ce qu'ils veulent, sous la dictée de *Raoul-Rochette* ou d'autres grands hommes *ejusdem farinæ* ! Qu'ils sachent apprécier tant de bonheur, et leur félicité sera parfaite !

Voilà pourtant à quoi se réduit tout le pathos ministériel, dont les *écrivains à l'heure* nous fatiguent tous les jours.

Quand donc cessera ce système d'hypocrisie, qui ne peut plus même tromper les esprits les plus grossiers. Les ministres veulent le pouvoir, et c'est tout ce qu'ils veulent. Il importe assez peu au ministère de rouvrir le cercle des révolutions. Un des membres du conseil n'a-t-il pas déjà été projeté avec force par les événemens en dehors de la sphère enivrante du pouvoir ? il s'est tenu le plus près possible de la surface : ministre provisoirement tombé, il sacrifiait à l'idole du jour, il la guettait, espérant bien qu'une fois renversée, il redeviendrait idole lui-même ! Il a bien calculé : un nouveau porte-feuille a été le prix d'une *flexibilité* si parfaite :

. . . . Dieux qui le connaissez,
Est-ce donc sa vertu que vous récompensez !

Mais il ne suffit point à d'ambitieux égoïstes d'arriver au pouvoir, il faut s'y maintenir ; et certes, plusieurs ministres en ont bien la volonté ! Ils sont pour leur place affamés de *permanence*. Les traits les plus acérés leur sont décochés. Ils résistent à tout : on les voit chaque jour dans la chambre des communes, opposer à leurs adversaires ou le *silence impuissant*, ou de flasques argumens ; et semblables à des guerriers novices dans une tranchée, nos ministres, malgré leurs brillans plumages, font à chaque séance le *plongeon !*

D'où leur vient cette attitude à la fois humble et menaçante ? il faut le dire : le temps des madrigaux est passé. Il se sont fourrés, tenant par la main la déloyauté dans un *impasse-politique*. Il n'en sortiront pas. Avec *la Charte*, tout est possible, tout est facile ; sans la *Charte* tout est impossible ; ce qui tranche la question pour tout ministère qui voudrait mettre en balance le bonheur public avec une demi-douzaine de porte-feuilles si souvent obtenus et si rarement mérités ! Quand le fer d'un monstre envoya au cercueil l'espoir de la France, l'auguste victime, en descendant dans une tombe arrosée de d e tant de larmes, ne demanda point que toutes nos li bertés y descendissent avec elle. Sa grande âme savait bien qu'une nation ne peut se *suicider*. Et cependant un ministère imprudent propose un *suicide national*. Qu'est devenue entre les mains des ministres, cette Charte riche de tant d'espérances à son berceau? ils l'ont touchée, elle s'est flétrie, elle est morte :

Mais elle était du monde où les plus belles choses
Ont le pire destin ;
Et rose elle a vécu ce que vivent les roses,
L'espace d'un matin !!

Cependant il ne faut desespérer de rien, l'auguste auteur de la Charte peut d'un souffle créateur ranimer son ouvrage, « son plus beau titre à la postérité. »

UN MOT

SUR LES CHOSES ET LES HOMMES EN 1820.

Nos mœurs changent, Brutus ; il faut changer nos lois !

En France aujourd'hui tout est faux, parce que tout y est double. Vous avez deux noblesses : en les fondant ensemble, chose presqu'impossible, vous n'en composeriez pas une bonne, c'est-à-dire en rapport avec nos besoins et nos mœurs politiques (1). Vous avez deux armées, et s'il fallait marcher à l'ennemi les neuf dixièmes des soldats n'entendraient pas la langue de la moitié de leurs chefs.

Vous avez *deux marines*, et précisément parce que vous en avez deux, vous n'oseriez les montrer aux Anglais sans leur faire hausser les épaules.

Vous avez deux chambres et même presque trois, car apparemment que le conseil d'état conseille quelque chose: jamais la couronne n'a été si mal conseillée.

Vous avez deux clergés, et Dieu sait si l'amour du prochain y gagne quelque chose!

Mais diront les optimistes: « Nous avons ce que le » malheur du temps nous a légué. » Non assurément ces malheurs, quelque grands qu'il fussent, n'étaient pas irréparables. Qu'a-t-on fait pour les réparer: on a avoué des fautes, et une *fantasmagorie ministérielle* nous montre depuis quatre ans qu'on n'a pas même eu le triste mérite d'inventer des bévues nouvelles.

On retombe précisément dans les mêmes fautes, avouées du moins avec une noble franchise, ce qui était un engagement solennel de ne plus les commettre!

---

(1) L'auteur est fort à l'aise quand il parle des deux noblesses, car il possède celle de la naissance et celle d'*acquisition*.

(Note de l'éditeur.)

En effet : on continue à désenchanter la gloire en déshéritant la victoire.

On continue à oublier des services antiques qu'on devait récompenser, *mais non employer*, et on alarme tous les intérêts nouveaux, en sorte que le ministère se montre *ingrat*, sans devenir *politique ;* c'est une faute complexe.

La Charte est l'expression de nos besoins et de nos mœurs politiques. On viole la Charte: cela s'appelle MODIFIER.

La Légion d'honneur éprouve une banqueroute scandaleuse de quatre années: et lorsqu'enfin l'on s'avise de reconnaître que c'est une banqueroute et qu'on revient à résipiscence, on fait encore une petite banqueroute de six mois, de peur d'en perdre l'habitude.

Si vous laissez le gouvernement pour observer la société, vous verrez de suite que la marche des gouvernans étant fausse, celle des gouvernés est faussée.

Dites-vous « que vous voulez les *Bourbons* et la CHARTE » EXÉCUTÉE ;» vous êtes un *Jacobin*, parce que vous ne séparez pas l'ouvrage de son auguste auteur.

Si l'homme de France qui entend le mieux le mécanisme d'un gouvernement constitutionnel veut donner quelques préceptes à des ignorans qui peuvent à peine le comprendre ; on dira qu'il veut un porte-feuille : et quand cela serait? le baron PORTAL en a bien un !

Lorsque toutes les feuilles quotidiennes, sont les échos de la police, elles trouvent des lecteurs qui ont la bonhomie de croire qu'elles expriment quelque chose : leur titre n'a pas changé ; c'est tout ce qu'il leur faut.

Cependant nous allons voir, quand les publicistes à l'heure vont être privés du *drame* des chambres, comment les plumes esclaves entendent lutter contre des plumes libres. Si dans une telle occurrence la victoire restait aux écrivains serviles; si la France pouvait se contenter du *cailletage* politique de *la livrée littéraire*, il en faudrait conclure qu'elle serait mûre pour le DESPOTISME MINISTÉRIEL, et qu'elle offrirait la plus sotte nation de l'univers : conséquence à laquelle sa noble conduite ne permettra sûrement jamais d'arriver.

C'est surtout en écrivains politiques qu'il faut un recrutement-général ; car rien n'est plus vil que les hommes qui usurpent insolemment une sorte de magistrature pour se rendre, à tant la page, les interprètes des sentimens qu'ils n'eurent jamais : aussi à chaque moment ils écrivent contre leur conscience.

Ici, un abbé musqué passe sa vie à analyser des romans : un prêtre deux fois marié se charge de la morale. un Scandinave chassé de son pays ose parler de loyauté ; un faiseur d'opéras comiques, qui ne pourrait lire une page de *Laplace*, passe pour un savant, et l'utile anonyme, venant couvrir de son voile honteux l'ignominie des précepteurs, fait que la France abusée paie au poids de l'or les leçons cupides d'un ramas de DÉSERTEURS DES AUTELS !

La littérature théâtrale ne présente pas un aspect plus encourageant que la littérature polémique ; les succès au théâtre s'arrangent deux ou trois mois d'avance. On convient, dans telle coterie, qu'une *pastorale* en cinq actes écrite avec élégance passera pour une tragédie, et dans telle autre, qu'un drame *tudesque* qui n'a pas même été traduit en français correct, passera, protégé par le nom de *Schiller*, pour une pièce écrite en vers. Dix personnes arrêtent ce jugement dans un foyer ; une heure après, vingt le répètent, et, au bout de huit jours, tous les oisifs de Paris portent des jugemens qui ont un air de famille : cela doit être ; ils ont tous même origine : ils sont de l'auteur de lui-même, qui les fait circuler par des échos bien fidèles : cela s'appelle *soigner un succès !* Cet esprit de coterie envahit et tue tout : l'armée n'en est pas plus abritée que tout le reste.

On imagine une conception hermaphrodite, qu'on appelle corps d'état-major ; et pour le composer on ne veut que des hommes qui ne soient ni trop peu ni trop instruits. Dans le premier cas, le corps spécial ne s'éleverait pas, dit-on, au-dessus de *la ligne*, et dans le second, il ressemblerait trop aux corps de l'artillerie et du génie ; c'est ce qu'il faut éviter et s'en tenir à un *mezzo termine*. Un homme a fait je ne sais quelle dissertation sur les fièvres qui règnent dans la Zône *Tauride*, ce doit être un *demi-savant*, vite dans l'état major, et on le fait lieutenant-colonel. Il disserte à merveile sur la fièvre jaune ! et cela fait toujours honneur à un corps militaire !

Tout ce qui précède, lecteur, n'a point été dicté par un esprit de dénigrement, mais par la conviction; tournez les yeux vous même, sur les branches administratives que vous connaissez, et dites-nous, si vous n'apercevez point partout une sorte de marasme, si les liens du devoir ne sont pas relâchés, si la médiocrité n'est pas bien accueillie et la capacité repoussée, enfin, si l'on peut obtenir d'un ministre une ombre de justice, sans se résoudre à tapisser ses antichambres.

Quand on est à ce point, il faut de deux choses l'une, où que la société se dissolve, ou qu'on se hâte de retirer le char majestueux et sacré de la légitimité des voies de l'arbitraire où viennent de l'engager des incapacités impies!

DES TROIS COULEURS,

SOUS LE RAPPORT DES INTÉRÊTS POLITIQUES ET MORAUX.

Tout entre dans l'esprit par la porte des sens.

L'IMMORTELLE séance du 27 mai, vient de faire tomber bien des masques, et d'éclaircir plus d'un doute. On veut donc une *solution de continuité* entre le présent et un passé de *trente ans*. La CHARTE qu'on croyait depuis quatre ans une arche d'alliance, la seule transition possible entre un vieux passé, peu regretté, et un avenir inévitable, *la Charte* a été *subie*, et non acceptée franchement, par certains hommes! Logiciens captieux, raisonneurs, téméraires, oui sans doute, au moment où vous parlez les *trois couleurs* sont celles *de la révolte*. Mais l'ont-elles été toujours! allez-vous déshériter la mort même? Lorsque dans les plaines de *Leipsig*, voyant la patrie expirante, nous avons colorié d'un sang généreux le drapeau que vous insultez, où étiez-vous? répondez! Si nous tous, humbles enfans de la victoire, nous n'avons pu, dans une immense moisson de lauriers, obtenir que la feuille modeste qui couvre notre poitrine, vous ne sauriez la flétrir, même en nous arrachant la vie, notre sang en coulant sous vos coups la ferait encore reverdir!

Ah! sans doute la noble France possède encore les élémens d'une armée, capable un jour d'effacer des revers inaccoutumés; mais ôtez-en ces *traditions vivantes* de la victoire, pourriez-vous présenter, avec quelqu'espoir du succès, aux ennemis de la patrie, de simples candidats de la gloire? et cependant vous insultez ses vétérans!

Politiques arriérés, votre incurable strabisme (1). vous empêche-t-il de voir qu'entre vos enfans et vous on placerait aisément dix générations, sous le rapport des doctrines.

Eh! qu'importe à la France les regrets stériles de quelques centaines de caducités privilégiées, que selon le cours de la nature va réclamer demain une tombe frustrée!

---

(1) Défaut dans l'organe de la vision, et qui la rend *confuse*. Le vulgaire appelle *louches* ceux qui sont atteints du *strabisme*.

Quand une jeunesse généreuse s'avance pour occuper la scène que nous avons remplie vingt-ans, vous ne voulez pas même lui laisser un souvenir glorieux; *parce qu'il est récent*, il faut l'entourer de trophées reçus des mains de la défaite; vous imposez à son appétit de gloire la nécessité de refouler le torrent des âges, pour rencontrer, dispersés, quelques traits dignes de lui être offerts pour exemple : vous frémissez à la seule idée qu'elle s'aperçoive que tous les jours, à chaque pas, si elle ne modère sa marche impétueuse, elle peut heurter un héros! et vous vous dites les défenseurs de la patrie?

D'où peut vous venir tant d'audace? nous croyez-vous sans mémoire?

Ce même trône, orateurs imprudens, relevé sans vous; qu'il était, pour vous d'un devoir rigoureux de défendre; comment l'avez-vous soutenu? vous pouviez du moins ennoblir vos malheurs, en dérouillant, *même aux terres étrangères*, les armes de vos aïeux : l'avez-vous tous fait? bien loin de là; l'Allemagne et l'Angleterre ont vu plusieurs d'entre vous, dans la force de l'âge, cachant leurs écussons sous le tablier attribut de l'art meurtrier de *Mignot* (1); et pourquoi? pour éviter le noble trépas que

(1) Historique. Si on se fâche, nous nommerons les masques, qui sont presque tous vivans et qui prennent racine dans les antichambres-ministérielles, jusqu'à ce qu'on ne leur donne tous les ordres militaires !!!

plus d'un de vos *frères d'exil*, vous enseignaient à braver tous les jours!

Et vous osez, SANS DISTINCTION D'ÉPOQUES, essayer de flétrir les bannières qui ont engendré ce même signe de l'honneur que vous mendiez à chaque instant, et que trente mille braves se lassent de partager avec vous!

Si vous croyez ne devoir aucun égard à des revers non mérités, n'essayez pas de désenchanter notre gloire à venir, en ternissant notre gloire passée; ne comprimez pas les élans d'une jeunesse altérée d'honneur! Puisse son astre parvenu à son zénith ne point pâlir comme le nôtre, obscurci par je ne sais quelles palmes du *forum* que n'obtint l'*orateur-gascon* qu'en nous privant des palmes de la victoire; mais, au surplus, si vous le voulez absolument, méprisez des couleurs sous lesquelles nous avons dompté l'Europe: on peut s'en consoler; Clio les porte avec orgueil, et peut-etre n'aurez-vous jamais rien de commun avec Clio!

LES COUPS DE PATTES.

⁂ Deux médiocrités littéraires assiègent les portes de l'Académie. L'auteur de *Jeanne-d'Arc* espère bien que son héroïne, la lance au poing, parviendra à les enfoncer. Mais la police exige encore quelques services du *poète impérial*, avant de lui permettre de ronfler dans le fauteuil des quarante.

Quant à l'auteur ingénu *d'Artaxerces* et de *Démétrius* il crie en vain : « mais *Métastasse* et *le Mierre* me portent chez vous sur leurs épaules; ouvrez donc, vous avez bien reçu un *noticier.* » Hélas! les immortels restent sourds.

L'humanité n'est pas leur vertu favorite. Ils aiment bien mieux, malgré leur amour hypocrite pour *l'égalité politique*, admettre un pair de France, écrivain lourd et soporifique, mais qui avec son air onctueux, donnerait des leçons d'intrigues à *Figaro.*

Pastoret sera donc académicien ; quand il prendra rang parmi les grandes nullités littéraires, un orchestre exécutera, dit-on, le quatuor de Lucile ; jamais air ne fut mieux choisi. *Richer-Serisy* assure que le *sentiment sied* à ravir à *Pastoret* (1).

⁂ Nous savions bien que la police prenait souvent d'étranges licences.

Mais voici un trait qui est assez gai. Le comte de *Goltz*, en sortant du spectacle, est volé d'une tabatière : il la réclame, et le comte-préfet, qui n'est pas toujours plai-

(1) L'Accusateur public, 1797.

sant, met en marge de la réclamation cette apostille : « Il faudrait donner un tuteur à M. le comte de *Goltz!* »

⁂ Le comité du Théâtre Français vient de recevoir ces jours derniers, à l'unanimité et par les bulletins les plus flatteurs et les moins suspects, la tragédie intitulée *Zénobie, reine de Palmire*. Nous étions présens, et nous pouvons affirmer que la lecture de la pièce a produit une impression profonde ! Que les liens puissans, qui nous attachent à l'auteur, ne fassent rien craindre pour notre impartialité : il n'a pas de juge plus sévère que nous, précisément par l'amour que nous lui portons, et qui nous jetterait à ses pieds pour le prier de ne plus écrire, si son talent venait à décliner. Loin de là, sa *Zénobie* est au-dessus de son *Jules-César*, que nous préferons à son *Phocion* (1), et nous osons espérer que si le parterre veut écouter sans prévention, que si le théâtre de son côté, veut déployer à-la-fois, comme l'exige la coupe de la pièce, toute la pompe asiatique, suivie dans les derniers actes de toute la pompe romaine, on pourra avoir une idée du style de *Sémiramis* uni à l'intérêt de *Mérope!* Mais hélas! Qu'il est dangereux d'a-

---

(1) Tragédie en cinq actes et en vers ; chez Barba, et à la librairie Polémique. Prix : 2 fr. 50 cent.

voir pour juges des hommes qui prennent un méchant mélodrame tudesque pour une tragédie Française !

⁂ Un noble pair a appelé l'ancienne loi des élections *une loi sotte*. Un député vient de nommer la nouvelle : *une loi insolente*. Une troisième *loi* vient d'être invoquée par des juges de province, pour forcer M. *Lacretelle aîné* d'aller à *Boulogne* défendre un écrit qui circule librement à Paris. N'étant ni pair, ni député, nous ne pouvons qualifier cette dernière loi, nous rappellerons seulement au lecteur que la *balance* est un emblème parfait de la justice.

⁂ Pour certaines expériences de phisique on se sert d'une *balance folle*.

⁂ Nous avons plus d'une fois signalé à la marine la *bonhomie* de son ministre. Mais il vient de se surpasser : sous le règne de Louis XVIII, à propos de la loi des élections, il a cité une phrase de *Bonaparte*. C'est avoir un sentiment exquis des convenances ! Ce n'est pas tout : le bon *Portal* a accolé le nom de l'homme de Sainte-Hélène aux *libertés publiques*. Quelle heureuse alliance de mots !

Et pour couronner l'œuvre, il a comparé les discussions sur la Charte à celles du Bas-Empire sur le *culte des images.* Bravo M. Portal. Le *Janotisme* a maintenant son sublime !

⁂ Vive le journal *de la police* quand il s'agit des égoûts de Paris. Quelle érudition ! on voit que l'écrivain est là sur son terrain.

⁂ M. de Serre a parlé dans la séance du 30 mai comme un ministre plus malade que JAMAIS, et M. Chauvelin, dans sa *chaise curule*, a agi beaucoup mieux que tous les *gastriques* bien portans.

AVIS ESSENTIEL POUR TOUTES LES PLUMES LIBRES.

On se charge, à la *librairie polémique*, de remplir les conditions d'éditeur et de publier, en cette qualité, les écrits de tous les publicistes qui auront assez de courage, en se nommant, pour attaquer le ministère, ou même *pour le louer* !!!!

Nota La Librairie polémique vient de faire mettre sous presse une brochure intitulée : LE LION, ou L'OBSERVATEUR-GUERROYANT.

IMPRIMERIE DE P. DUPONT.

Avis important pour la Littérature légère.

A l'entrée des bureaux de la *Librairie polémique*, se trouve placée une boîte ou *bouche de fer ;* elle est destinée à recevoir tous les traits piquans qui sont de nature à offrir une lecture agréable. On donnera, pour l'insertion de ces petites pièces, la préférence à celles qui, par un tour vif, soit en prose, soit en vers, exigeront le moins d'espace.

www.ingramcontent.com/pod-product-compliance
Lightning Source LLC
LaVergne TN
LVHW020455230826
846091LV00008BA/3208